Indholdsfortegnelse

Forord.

Denne bogs formål er at vise et øjebliksbillede af
13-16-årige pigers teenageliv i Herfølge i år 2013,
på den mest ægte måde muligt.

Vores håb med bogen er at den vil kunne give et
indblik i hvad det vil sige at være teenagepige i dag –
dette både i forhold til familie, skole, kærlighed og
relationer – og dermed forhåbentlig skabe en ny
forståelse for pigerne.

Bogen er pigernes. Tematik, udtryksformer og
formuleringer er pigernes egne, hvilket har givet
pigerne en unik mulighed for at opnå fuld og uind-
skrænket taleret. Dette har resulteret i en meget
ærlig bog.

God fornøjelse.

Mette Holstein, Cathrine Storm Sørensen & Marie Elkjær
Præsteskovgård Ungdomsklub, Herfølge

* Bogen er anonym og pigerne har valgt egne
  pseudonymer.
* Osn = og så noget.

Forsiden er tegnet af Mette Melander.

Del 1.

At bo i Herfølge

Amalie

Hvordan det er at bo i Herfølge?

Mmmm for at sige det mildt jeg har boet her hele mit liv og her er RØVSYGT!

Og her er altså ved at være lidt DØDT! Jeg kunne godt bruge sådan et sted som Køge, med butikker og restauranter. Men her er altså hyggeligt det er slet ikke det, det kunne bare godt bruge sådan et stort "Shopping-sted". Men når man går eller cykler hjem om aftnen synes man pludselig at de før så kedelige gade-hjørner er rigtig mørke og skumle. Men her er rigtig trygt og hyggeligt, der er bare ikke så mange ting man kan lave!

Fritid og veninder

Ann-Sofia

Jeg er en pige på 13 år. Jeg har ikke særlig mange venner/veninder her, hvor jeg bor. Da jeg var lille følte jeg at folk kun var sammen med mig, fordi jeg altid gav dem slik, men jeg havde to venner som jeg tit blev uvenner med, når vi alle 3 var sammen, nogle gange var de svære at stole på, fordi jeg fik tit af vide at de bagtalte mig. Efter at vi var blevet uvenner følte jeg mig meget udenfor og rigtig trist, men der var altid en der hjalp mig op. Det har været svært at finde nogen veninder jeg kan stole på, og som ikke bare vælger mig når alle andre ikke kan.

I skolen snakker jeg med nogle af pigerne fra klassen i frikvartererne, og efter skole er jeg aldrig sammen med nogen, fordi mine veninder ikke gider mig, så når jeg er hjemme er jeg enten hos min søster, og ser film sammen med hende, ellers sidder jeg bare på mit værelse og laver ingenting. Jeg går ikke til sport, men jeg håber at jeg kan finde noget at gå til, så jeg måske kan få nogle nye veninder, at være sammen med.

Amalie

> Venindeforhold:
> 1. Tillid= Det er vigtigt at have **tillid** til hinanden.
> 2. Kærlighed= Man skal **ELSKE** hinanden.
> 3. Svigt= Alle veninder **svigter** hinanden, men det gør kun venskabet stærkere.
> 4. Drenge= Piger taler tit om **drenge** og specielt med deres veninder.
> 5. Løgne= Man **lyver** for hinanden, og så er det vigtigt at man stoler 100 % på hinanden.
> 6. Mobning/drilleri= Alle driller hinanden, men man er veninder og det er kun for sjov
> 7. Udseende= Piger skal fnise og hygge sig med hår og makeup.
> 8. Støtte= Man skal ALTID **støtte** hinanden.
> 9. Grin= ALLE **griner** og det er vigtigt i et venskab.
> 10. Tilgivelse= Man skal kunne tilgive hinanden.

De ord betyder rigtig meget for mig, når jeg tænker på mine veninder, for man deler jo ALLE sine hemmeligheder med sine veninder og bare går arm i arm og så hvisker om de der drenge, eller bare flækker over ingen ting!

Amalie

I min fritid går jeg til håndbold og det betyder meget for mig. Især mine veninder jeg har fået på holdet.. Jeg elsker at bevæge mig! Og jeg løber også ret tit! Jeg bruger rigtig meget tid sammen med mine veninder! Og på Facebook.

Interviews

Hvad laver I i fritiden?

Maria   Jeg er sammen med mine venner, og så hygger jeg nogen gange med mine forældre. Tit når jeg kommer hjem fra skole, så sover jeg. Vi har 29 lektioner om ugen, så jeg er træt. Jeg har ikke nogen kæreste. Jeg er sammen med venner og veninder efter skole, når jeg ikke sover.

Rosa   De dage jeg ikke er på klub, der hygger jeg med min familie. Ellers er jeg sammen med mine venner, og når jeg kommer hjem fra skole, så sover jeg, passer min lillebror, går med min hund. Og så fester jeg. Det er private fester. I weekenderne. Og så drikker vi!

Maria   Ikke altid. Og ikke så man sidder og brækker sig.

Rosa   Heller ikke mig! Det har jeg kun prøvet en gang før.

Maria   Det var ikke sjovt – aldrig igen!

Rosa   Og der går ca. 3 uger efter en fest, så fester jeg igen. Det er ikke hver weekend. Så bliver jeg alkoholiker.

Går I til noget?

Maria   Jeg har gået til fodbold, men det kan jeg ikke mere. Ikke med min fod. Men jeg starter snart til fodbold igen. Jeg har spillet i Herfølge og Køge Pige FC.

Rosa   Jeg kan godt lide at spille fodbold, men jeg går ikke til det, men jeg skal starte til det, hér når jeg skal på efterskole. Det er en idrætsefterskole. Man kan også gå til håndbold, musik og sløjd, men nej! – det skal være fodbold. Jeg gider ikke se det i fjernsynet, det er røvsygt.

Maria   Jeg kan godt lide at se det i fjernsynet, jeg ser det tit med min far. Også der hvor det var EM.

Rosa   Fx når Danmark og FCK spiller, så kan vi godt se det – så sidder vi og råber. Når fx Danmark spiller mod et andet land, eller FCK spiller mod nogen, så kan vi godt lide at se det. Så kan vi råbe.

Har du andre fritidsinteresser?

Smilla   Jeg går ikke til noget i øjeblikket... men jeg har gjort... Jeg gik til madlavning og "spitzning". Det hed knipling, men det blev forbudt at sige, fordi det mindede for meget om nogen andre ord... Det var sjovt, og ikke ret svært hvis man kan – hvis man er god til at huske ting... Alle mulige huskeregler... Det dans jeg gik til var sådan noget street-noget nede i Kulturhuset i Ungdomsskolen. Vi lavede også "flash-mob" i Køge. Jeg kan godt lide at danse. Jeg ved ikke om jeg er god til det. Jeg går ikke til det nu, for sæsonen er slut.

Hvad laver du i din fritid?

Zoey   Jeg er sammen med min kæreste og mine venner og mine veninder for det meste. Det er vigtigt for mig. Og ellers rydder jeg op på mit værelse og hygger med min familie. Jeg spiller computer med mine venner og veninder, men jeg ser ikke rigtig fjernsyn. Kun om aftenen når jeg sidder og keder mig, så ser jeg lidt.

Har du fritidsinteresser?

Ann-Sofia   Altså, mig og min mor... Engang der snakkede vi om fodbold, men dengang var jeg ikke så meget til det, og det er jeg så til nu. Jeg kan godt lide at spille fodbold, så... Det har vi snakket om. Vi skal bare lige finde et sted først. Om det bliver her eller et andet sted, eller om det bliver hvor vi boede engang. Altså, jeg vil jo gerne dér hvor vi boede dengang, for så får hun nogen af sine – hvis der er nogen hun kender af de voksne... hvis der er nogen af dem hun kender, så kan hun snakke mere med dem. Hvis jeg så har været venner med deres børn – for jeg kan ikke så meget huske det, dem derfra – så kunne jeg jo få dem igen. Ellers laver jeg ikke noget. Efter skole sidder jeg hjemme i stuen. Nogen gange sidder jeg alene, nogen gange er min søster ovenpå i sit værelse. Hun er færdig med sin uddannelse – HG. Hun har fået sin hue, men hun skulle vist studere videre.

Hvordan med venner og veninder...?

Ann-Sofia   Jeg er meget sjældent sammen med nogen. Jeg tror det er en gang om måneden at der kommer nogen til min dør, og banker på og spørger om jeg vil være med.

Opsøger du selv...?

Ann-Sofia Ja, men ikke så meget. Jeg får meget tit "nej". Når jeg har fået "nej" i
lang tid, så... Jeg hader det. Så gider jeg ikke rigtig...

Har du nogen du ser fra skole, SFO, klub...?

Ann-Sofia Ja, altså... Ja. Når vi er ude, så cykler vi og går ture, og fjoller lidt,
og... Det er lidt svært at være sammen med den person, fordi hvis man
nu har sovet sammen, og hun har brug for at være sådan lidt alene...
Hun er lidt syg.... Der er sjældent nogen fra skolen, som jeg sådan
snakker med og er sammen med.

Løgne

Amalie

Løgne kender vi vel alle sammen til, der er den hvide løgn som vi vist alle kender
til og bruger rigtig tit. Der er også de løgne man bruger hvis man ikke vil såre
nogen. Som hvis en rigtig, rigtig grim pige spørger om hun er grim og man siger
"Nej!" eller hvis en rigtig god veninde har fået et helt nyt tørklæde og det er rigtig
grimt, men man siger alligevel det er flot, eller hvis ens veninde er vild med en fyr,
og man lige kom til at kysse med ham, men man siger ikke noget.. Løgne fører tit
til noget dårligt, men vi bruger dem jo tit? Det er noget underligt noget? ALLE
bliver sure hvis de finder ud af det, men det er jo også klart. (Gør det også selv.)
Jeg har det dårligt med at lyve, men man kan ikke lade være med det! Det er
noget underligt noget, med de løgne, men ingen er perfekt, og ALLE har løjet, jeg
er ligeglad med hvad folk siger ALLE har løjet!

Idoler

Zoey

Jeg er en pige på 13 år, der har forskellige idoler. M.i.c.n. er et af mine idoler, og det samme er dem fra Twilight. Jeg er glad for at høre og se dem i tv eller på Youtube, eller på film, jeg forguder dem. Ligesom mine veninder forguder andre sangere.

Mobiltelefoner

Ann-Sofia

Jeg er ikke afhængig af mobiler, jeg bruger den næsten aldrig, men jeg har den alligevel med mig nogle gange, andre gange glemmer jeg den, ellers gider jeg ikke have den med. Når jeg bliver ældre vil jeg nok bruge min mobil noget mere og måske tænke lidt mere på mit udseende.

Interview

Hvad betyder det for dig at have en mobiltelefon?

Smilla Jeg bruger min mobil <u>meget</u>! Jeg ville dø hvis jeg ikke havde den! Jeg bruger den til alt muligt; Facebook, ringe, skrive, spille, musik... internettet. Alt! Jeg betaler den ikke selv – min far betaler SMS, MMS og internet, og så skal jeg selv betale hvad jeg ringer for. Jeg synes det er en retfærdig aftale. Jeg får næsten 300 om måneden i lommepenge, og aviserne ved siden af. Jeg er ved at spare sammen til en ny computer – en bærbar. Det er ikke så svært at spare op, kun nogen gange. Jeg har snart råd, men der vil nok gå lidt længere tid, for vi skal snart til København, så der ryger lidt penge der. Det er delt op på den måde, at lidt over halvdelen af pengene kommer ind på min opsparing og resten kommer ind på min konto... Jeg bruger ikke penge på slik – ikke mine egne penge. Jeg bruger mest penge på tøj og smykker.

Udseende

Amalie

Jeg tænker på mit udseende ret meget, altså går i op i hår og makeup og så videre. Der er mange andre ting i verden som er meget vigtigere, men alligevel kan man ikke lade vær med at lige tjekke hår og makeup når man ser et spejl, tror lidt det er sådan en pige ting. Og man sørger selvfølgelig også for at de lækre drenge lige ser en/lægger mærke til en. Men helt ærligt hvem gør ikke det? Mit tøj betyder meget, men jeg går ikke i noget tøj bare fordi det er moderne, jeg vil helst sætte mit eget præ på mit tøj! Men sådan har det ikke altid været, jeg har nemlig følt at hvis jeg ikke gik i det rigtig tøj var jeg "uden for" men sådan er det heldigvis ikke mere. Jeg føler mig tit tyk, selvom mine veninder siger "STOP! Du er ikke tyk!" Og især fordi jeg er lidt kraftigt bygget. Men piger HUSK lige meget hvordan i ser ud, er i perfekte som i er, selvom man tit ikke syns det!

Smilla

Hej alle sammen jeg er en pige på 12 år, og tja jeg prøver på at gøre så meget så meget ud af mig selv, fordi hvis man lige skulle møde en lækker dreng på gaden skal han ikke tænke OMG hvor er hun bare klam, måske gør de det alligevel og ja det har de vel lov til.. Når nogle af de tynde piger siger at de er tykke bliver man

Krop og sundhed:
1. Spille wii eller løbe 20 min. om
   dagen.
2. Lave 20 maveøvelser af hver slags.
3. Når du går op ad trappen så tag
   lige en tur mere.
4. Træn dine arme med 2 flasker med
   vand/sand.

Be happy:
1. Du sover bedre hvis du har grinet
   meget.
2. Hvis du griner 15 min. om dagen
   forbrænder du 40 kalorier.
3. Et godt grin er godt for dit hjerte.

sådan lidt øv for jeg er lidt tykkere end dig.. Jeg har nogle tips til hvordan jeg (prøver) at holde mig sådan nogenlunde i form.

Og det sidste tip: brug koldt vand når du går i bad, det holder din hud og dit hår sundt og det hjælper dit immunforsvar. Tyk-tynd, høj eller lav - Elsk dig selv.. Som sagt vil jeg gerne se så godt ud som muligt. Men jeg må ikke gå med make-up, og folk kommer og siger til mig ”hvorfor går du ikke med make-up” og jeg svarer bare ”fordi jeg ikke må!!”.

Ann-Sofia

Mit udseende er ikke så vigtigt for mig, som andres udseende er, jeg går ikke med makeup, jeg bruger ikke så meget tid på at sætte hår.

Zoey

Jeg er en pige på 13 år, som syntes det er meget vigtigt at have make up på, fordi at jeg vil se pæn ud, jeg er nemlig blevet mobbet med mit udseende og at jeg var tyk, så jeg gør alt for at se godt ud, men jeg syntes stadig ikke at jeg er pæn men jeg gør alt, prøver alt, men for mig syntes jeg ikke at jeg er særlig smuk. Jeg er ikke den kønneste men det er der mange det syntes, jeg gør det jeg kan for mit udseende. Men det er også vigtigt at have den rette tøj og sko stil for mig.

Interviews

Hvordan har du det med make-up og udseende osn?

Zoey   Egentlig er det mest når man skal være sammen med vennerne eller noget, eller hvis man skal til fest og drikke sammen med nogen, så er det mere der man tænker: "Arj, jeg skal <u>lige</u> se lidt godt ud". Men mig specielt – jeg tager ikke ret meget på. Jeg tager bare lidt mascara på, og så tager jeg ikke rigtig andet på... Altså, det er kun hvis jeg skal til fest, eller skal noget specielt. Men i weekenderne, der er det bare sådan "make-up fri zone". Det er hvor jeg bare ikke gider, for jeg skal ikke være sammen med nogen, jeg skal bare sidde derhjemme. Jeg går ikke rigtig op i tøj. Min tøjstil er mest sådan noget: det er tøj – man skal have det på. Jeg tænker ikke så meget over hvad det er, bare at man skal have det på, og ikke render nøgen rundt. Det er ikke så vigtigt for mig.

Hvad tænker I om make-up osn?

Rosa   Man skal ikke være alt for dullet, man skal ikke være alt for snobbet. Man skal heller ikke gå i sådan noget rigtig dyrt tøj hver dag. For så tror folk bare man er sådan en fucking diva snob.

Maria   Altså, man kan jo sagtens...

Rosa   Arj, altså. Sådan noget tøj der koster over 2000 kroner.

Maria   Altså, man kan jo sagtens gå i sådan noget tøj...

Rosa   Altså, sådan noget med at gå med den rigtige Louis Vuitton hver dag
            osn. Det er sådan noget.

Maria   Arj, men hvis man selv vil...

Rosa   Ligesom sådan noget som Gustav!

Maria   Det er da lige meget, han kan jo godt selv lide det!

Rosa   Jamen, det kan jeg ikke. (Griner.)

Maria   Nej, men han behøvs jo ikke ligefrem gå med det, fordi lige præcis <u>du</u>
            ikke kan lide det!

Rosa   Nej, hør nu hvad jeg siger...

Maria   Arj, men det kan jeg bare ikke sådan noget. De der snobber.

Rosa   Jeg kan bedst lide at gå i almindeligt tøj. Det må godt være mærker,
            men det må også godt være billigt tøj. Det behøvs ikke at være
            mærker, men man kan finde meget i stil med det, selvom det ikke er
            mærker. Sådan nogen der bukser, ikk? (peger på Marias bukser, red.)
            Sådan nogen kan du købe til 200 kroner i Pieces. Du kan købe dem til
            100 kroner i Tøj & Sko!

Maria   Det her par kostede faktisk *250* i Pieces. (Griner.)

Hvad med make-up?

Rosa   Altså, jeg skal have rigtig meget... Hvis jeg ikke skal noget, så har jeg ikke make-up på. Og hvis det er jeg ikke rigtig gider lægge det, så tager jeg det ikke på. Men så må jeg også bare ligne et lig hele dagen. Det er også for at spare på det. Du kan se, jeg har sparet en hel foundation på 3 måneder. Altså, sådan en lille en, ikk? Altså, jeg havde den i 3 måneder.

Maria   Arj, det er sådan noget fedtet noget. Så sætter det sig ind i porerne, så får man bumser. Derfor går jeg ikke med det.

Hvad tænker du med tøj og det hele?

Maria   Altså, man skal bare have det tøj på man selv vil have på, ikk? Det er jo ikke hvad andre synes, det hvad man selv synes. Jeg kan bedst lide at gå i sådan noget normalt tøj, og så er jeg ligeglad med hvad folk synes om mit tøj! Det er forskelligt om det er mærke eller ej...

Hvad med make-up og hår? Går du op i det?

Maria   Det eneste jeg gør, det er at glatte mit hår, og bruge mascara, ikke andet. Og så nogen gange eyeliner.

Familie

Ann-Sofia

Mine forældre er ikke skilt, jeg har 2 brødre og 4 søstre, jeg er den mindste i flokken, nogle gange bliver jeg uvenner med 2 af mine søskende, min søster skændes jeg med næsten hver dag, og min bror meget mindre. Da vi var mindre var de altid efter mig, men heldigvis hjalp min ældste søster mig både med det i skolen og hjemme, mens de andre var strenge, vi støtter alle hinanden selvom vi er uvenner. Min mor og far er kræmmere nogle gange om året. Til hverdag arbejder min far og min mor med husligt arbejde.

Zoey

Jeg er en pige på 13 år, der har en okay stor familie, jeg har min farmor der bor med min onkel, min far der bor med min papmor, og de har fået mine to små søstre, og så har jeg min morfar og mormor, min mor der bor sammen med min papfar har fået mine to små brødre, min storesøster og mig bor hos vores mor men skal ned til vores far hver anden weekend, og så har jeg min ene onkel der er i live, min anden onkel er lige død i sommerferien op til 7. klasse, det var et stort tab for min mors side af familien. For mig var det en af de mest forfærdelige ting der kunne ske, jeg var knust efter jeg fik det at vide. Og som alle nok ved kan forældre være pisse irriterende for teenagere i vores alder men et godt råd fra mig er ikke at lade sig gå på af de ting man ikke må, men bare vente til man bliver gammel nok hvis det er det. Forældre er ikke altid på bølgelængde med os, de vil beskytte os og det kan virke meget provokerende, men det er for mit eget bedste jeg ved det godt.

Amalie

Hun er jo syg: Min mor har kræft det har hun haft i 7 år nu, det er rigtig hårdt men som jeg siger til mine veninder når de spørger: " Ej, hvorfor snerrer du af din mor, hun er jo syg?" Men jeg svarer: "Altså det kan godt være at hun er syg, men for mig er hun min mor, og ALLE har altså behov for at have nogen at over føre sin vrede på, og i det øjeblik det sker er man virkelig vred på min mor. Men så opdager man hvor meget hun egentlig betyder for en. Men min mor har som sagt haft kræft i 7år nu! Det er rigtig svært, for en familie er jo ikke "normal". Det er forfærdeligt at vide at hun har kræft og derfor har det svært, hun tager en masse piller og 2 gange har hun tabt håret, så hun skulle gå med paryk. I min hverdag tænker jeg ikke så meget over at hun er syg. Det er en helt vildt ubehageligt at se hende ligge på hospitalet, med skruer og ar i hovedet. Man har bare lyst til at gå over og give hende et kram og fortælle hende at det hele nok skal gå, men det kan man jo ikke. Den følelse man får når man får det at vide er så extrem at den ikke kan beskrives med ord. Men heldigvis har jeg fået rigtig meget støtte fra mine veninder. Det er rigtig svært at skulle sidde og skrive om 7 år af sit liv for da jeg fik det at vide var jeg kun 6 år og jeg kan ikke huske det hele. Men en ting jeg tydeligt husker som var det i går, var da mine forældre kom ind og sagde "mor har fået kræft" - jeg græd i så lang tid, for det har jeg jo aldrig troet! Jeg kunne ikke rigtig forstå det, jeg troede hun skulle DØ! Men jeg fandt ud af at lægerne godt kunne helbrede hende, nu har hun haft 10 gange på 7 år, og vi håber stadig på at hun bliver helbredt, men mit håb er altså ved at løbe ud. Selvfølgelig elsker jeg hende men nogen gange tænder hun mig virkelig af! Men det er hæsligt at se sin mor syg. Man kan ikke sige jeg har lært at leve med det, for det har jeg jo ikke, men jeg har vænnet mig til det! Og altid når folk taler om min mor får jeg tårer i øjnene dette er MEGA IRRETERENDE!!

Digt:

VI KÆMPER MOD KRÆFTEN!!

Da jeg hørte det.

Tænkte jeg.

DØD.

Jeg græd hele aft'nen.

Tankerne fløj rundt i mit hoved.

Tankerne fløj rundt i mit hoved.

Jeg kunne ikke sove.

Lå bare og så op i loftet.

Jeg kunne høre min mor.

GRÆDE.

Jeg sagde ikke noget.

Slog det bare hen.

Jeg lod bare som ingenting.

Men senere fandt jeg ud af.

At det var så alvorligt at hun kunne.

DØ.

Hvis vi ikke gjorde noget.

Hvis hun ikke kom på sygehuset.

Vi besøgte hende tit.

Men jeg var ikke glad for at besøge hende.

For hun lå bare og sov.

Hun var træt efter operation

Jeg lagde mig op til hende.

Og græd lidt.

MEGET.

Hun så forfærdelig ud.

Hun havde skruer i hovedet.

Hun var blevet klippet skaldet.

Jeg har aldrig rigtig forstået det.

Det med alle de behandlinger.

Men da det kom igen.

GRÆD JEG.

Jeg græd næsten mere end første gang.

Jeg kunne ikke holde ud at se hende sådan.

Og på sygehuset.

Er der en forfærdelig lugt.

Hun kom igen på sygehuset.

Nu er der gået 7 år med.

KRÆFT.

Nu er jeg blevet vant til det.

Nu syns jeg det er hyggeligt.

At besøge min mor på sygehuset.

For jeg kender næsten alle sygeplejerskerne.

Det er derfor jeg skriver dette digt.

For at vise min mor at:

JEG ELSKER HENDE!!

Interviews

Hvordan har I det med Jeres familie generelt?

Rosa   Altså, lige nu ville jeg bare godt møde min familie i Norge, indtil videre.

Maria   Se fætter "Lækker"! (Griner.)

Rosa   Jeg har en fætter "Lækker" i Norge. (Smiler.) Og så er min mor og mig tit oppe og skændes, og det er mig og min far også, men så flygter jeg over til min moster – hende og jeg har et godt forhold, og det har mig og min farmor også. Jeg ser min moster højst 3-4 gange om ugen, og min farmor hver dag, fordi hun bor 7 huse væk fra mig. Hun bor på samme vej som mig. Jeg er glad for farmor.

Maria   Den eneste jeg ser fra min familie, som min mormor osn, det er min farmor. Vi snakker ikke rigtig med min mormor mere.

Rosa   Var det hende der passede os?

Maria   Nej, det var min farmor.

Rosa   Jeg elsker min farmor. Hun giver mig alt.

Maria   Jeg er meget glad for min familie.

Vil du fortælle mere om din familie?

Ann-Sofia   Jeg har jo mange søskende – både halve og hele. Det er sjældent vi er sammen alle sammen. Det er kun hvis der er sådan noget stort, eller...

Sidste år, tror jeg det var, var vi på... nej, det var nok for 2 år siden, der var vi på Bakken. Sammen... sådan, alle søskende. Det var meget hyggeligt. Jeg prøvede ikke så meget. Men mens de andre spiste – jeg kunne ikke spise noget, jeg var jo på Julemærkehjem, havde jeg allerede fået – jeg var jo ikke vant til at spise så meget – så jeg havde allerede fået for meget. Så mens de andre spiste, så løb jeg ind i Hurlumhej-huset. Op til flere gange. Så løb jeg bare. Det værste ved den, det er når man skal ud! Så kommer den der PHHT! Min storebror snakkede om, at næste gang han tog derind, ville han tage kilt på! Det kunne sgu være sjovt! Hvis man skal undgå det der pust, så skal man tælle hvor langt mellemrum der er imellem, og så gå <u>lige</u> når pustet har været der.

Skilsmisse

Smilla

Jeg er en pige på 12 år og mine forældre er skilt. Det startede med at jeg havde været på weekend hos min faster. Da jeg kom hjem besluttede jeg mig for at jeg ville gå hjem til min bedste veninde. Lige da jeg var på vej ud af døren sagde mine forældre at vi lige skulle snakke sammen inden jeg gik hjem til hende. Jeg satte mig på køkkenbordet og min mor sagde at de ikke skulle være sammen mere. Jeg begyndte at græde. Jeg spurte om det ville sige at de skulle skilles. Jeg fik et klart og tydeligt JA fra min far. Det var meget hårdt og ikke mindst for os alle sammen. Jeg har aldrig prøvet noget lignende før, det kom jo som et chok, jeg havde jo aldrig forestillet mig at de skulle skilles. Det tog meget hårdt på mig, også til hverdag, selv den dag i dag.

Det gjorde mig meget bange, for hvis min far eller mor fik en kæreste, var jeg bange for at det samme ville ske igen, når jeg kom hjem. Det kunne være hvis jeg skulle sove hos nogle, eller spise hos nogle fra klassen. Fra nu af måtte mig og min mor klare tingene selv. Det er meget sværere end man går rundt og tror. Folk tror man får mange flere gaver og to værelser. Det med de to værelser er rigtig. Men der er jo undtagelser for begge ting. Det med værelserne kan være hvis du ikke ser enten din mor eller far, og du bor fast hos en af dem. Og gaverne er kun hvis du får en pap far eller mor eller begge dele. Så kan du måske også få fra deres side.

Min bedste venindes mor og min mor var og er rigtig gode veninder. Efter de sagde at de skulle skilles snakkede vi lidt videre om hvem der skulle have os i de lige og ulige uger osv. Mest de praktiske ting. De blev enige om at det var min far der skulle gå, så han gik på toilettet og så gik han. Han gik hjem til min farmor fordi hun ikke bor særlig langt her fra. Mig og min mor snakkede lidt videre fordi jeg stadigvæk havde lidt spørgsmål om hvad der skulle ske, og jeg var jo også stadigvæk lidt forvirret over alt det der lige var sket. Så gik jeg hjem til min veninde. Hendes forældre er også skilt så hun kunne forstå mig lidt mere end andre kunne. Så mig og min veninde begyndte at gå mere og mere sammen, det samme gjorde vores mødre. Vi var næsten som tvillinger. Vi sov næsten sammen hver weekend og spiste sammen næsten hver dag.

Nogle gange savner man bare at ens forældre er sammen stadig. Nogle gange kan man græde i flere timer, uden andre ved det. Folk mobbede mig efter min forældre blev skilt, men det er jo ikke min forældres skyld. Det var bare fordi jeg blev mere følsom. Der er ikke nogle der skal ønske sig at ens forældre skal skilles. Min mor er gift den dag i dag, og jeg kan meget godt lide ham. Men jeg håbede selvfølgelig at det ville være min far. Min mors mand er blevet en del af vores hverdag (mig, min mor og min lille bror). Folk kunne ikke se på mig at jeg var så ked af det. Det er kun min nye bedste veninde der ved det, en dag finder folk nok ud af det. Det er godt nok lidt hårdt at folk ikke ved det.

Mig og min mor begyndte at skændes meget. Vi kunne begge to græde i flere timer, men det er så heldigvis ovre nu. Nu er det kun meget sjældent. Nu troede jeg så at mine forældre så havde fundet sit livs kærlighed, men så skete det, min far slog op med sin kæreste d. 22. december. Vi skulle ellers holde jul med hende og hendes børn. Vi så dem ikke i flere uger indtil vi en dag så dem nede i fitness hvor hun også gik, jeg løb ud og omfavnede dem, mine øjne løb i vand. Men den følelse af at miste nogle og se dem igen nogle uger efter, vi var jo vant til at se dem hver weekend. Men som jeg sagde først, skete det jeg var bange for. Jeg var bange for at falde ned i det sorte hul igen, jeg skulle starte forfra igen.

Amalie

Skilsmisse kender jeg ikke så meget til, for mine forældre er ikke skilt. Mange af mine veninder er skilsmisse børn og specielt min nye bedste veninde har jeg støttet rigtig meget, når hun var nede, ligesom hun har hjulpet mig. Det har taget rigtig hårdt på hende, og jeg kan tydeligt mærke forskel på en dag hvor hun er nedtrykt eller glad. Og hvis hun er nedtrykt går jeg selvfølgelig som noget af det første over til hende. Og 9 ud af 10 gange er årsagen hendes forældre er skilt! Men det tager rigtig hårdt på børnene, og jeg er rigtig glad for at mine forældre ikke er skilt.

Interviews

Hvad tænker du om skilsmisse?

Maria   Mine forældre har haft en pause da jeg var lille, men de er ikke skilt. Jeg kan kun huske den tid jeg var hos min far. Ikke den tid jeg var hos min mor. Jeg ved ikke hvorfor. Jeg gik i hvert fald i børnehave. Måske var jeg 3 år. En af mine veninder har en papfar. Og hendes mors tidligere mand ser hun som sin far. Hun ser ikke sin biologiske far. Så hun har 3 fædre. Jeg tror hun er lidt ked af det over det, og savner sin far.

Rosa   Mine to kusiners forældre er skilt. Den ene <u>har</u> fået en mand, og den anden har bare en kæreste. Og min mors forældre er skilt – min mormor og morfar.

Maria   Min mormor og morfar er også skilt. Men min morfar er død.

Rosa   Og min farmor og farfar blev næsten skilt, men så nåede han at dø inden de skrev under.

Maria   Jeg ville blive rigtig ked af det, hvis mine forældre blev skilt.

Rosa   Også mig. Hvis de nu blev skilt og vi fx skulle holde min lillebrors konfirmation om 10 år! Og de så stadig ikke kunne enes, så kunne man jo ikke holde den sammen. Det ville være øv!

Maria   Og fødselsdage osn. 18-års... og juleaftener.

Rosa   Ja, juleaftener.

Maria   Nytår og sådan.

Rosa   Og nye kærester de får... og nye børn! Det gider jeg ikke!

Maria   Jeg gider ikke have flere søskende!

Rosa   Jeg har en lillebror som er BOM nogen gange, og en søster som tror hun er min mor! Det er nok. Jeg er den mellemste og det er jeg stolt af. Jeg bliver mere forkælet... jeg bliver mere forkælet end min søster gør, for nu er hun fyldt 18 og skal selv betale sine egne ting. Det er meget nice.

Maria   Jeg har 5 søskende. 2 halvsøskende. De bor ikke hos os. De bor slet ikke sammen med os, fordi min far fik 2 børn før min mor og far fandt sammen. Og så har jeg en tvillingesøster og en storesøster og en storebror. Og min storebror er flyttet hjemmefra. Jeg er bare den yngste. Min tvillingesøster er en halv time ældre end mig. Det er fint nok at være så mange søskende, men nogen gange kan det godt være lidt irriterende. Fx … Jeg kan ikke rigtig forklare det.

Rosa   Hvis den ene får noget, og den anden ikke får noget, så føler man at man er blevet snydt, men så får den anden heldigvis noget en anden gang på et tidspunkt.

Maria   Ja.

Rosa   Eller hvis den ene nu er på weekendtur og så hygger den ene sig med familien og tager ud og spiser osn, og det den anden ikke kommer med til.

Maria   Sådan er det <u>rigtig</u> meget hjemme hos mig. Men det plejer så at være mig der får alt det gode.

Har du nogen tanker omkring skilsmisse?

Zoey   Min mor har haft min far som kæreste, og så gik de fra hinanden, da vi var små. Og så har hun haft en række kærester som jeg ikke rigtig har haft noget imod, men det var åbenbart ikke de rette for hende. Og så mødte hun så den papfar jeg har nu, og som hun er blevet gift med, og som hun har fået to børn mere med. Og vi bor sammen. Jeg kan ikke rigtig huske da mine forældre blev skilt. Jeg var 2-3 år, så jeg kan ikke rigtig huske noget fra det – jeg ved bare at de gik fra hinanden.
Min bedste veninde er skilsmissebarn. Hendes mor og far har været gift, men så blev de skilt. Og så er hendes mor blevet gift igen. Min veninde er lidt ligeglad med det – hun ser sin far regelmæssigt ligesom

jeg gør, kommer ned til ham hver anden weekend. Jeg synes det er vigtigt at man ser sine biologiske forældre og familie, fordi det er jo vigtigt for én selv og hvad man selv synes. Fx mig, jeg er nødt til at se min far, ellers går jeg rundt og tænker på hvad han laver, man får ikke rigtig noget at vide. Så jeg kommer ned til min far hver anden weekend. Sidder dernede og hygger sammen med min storesøster. Jeg er <u>rigtig</u> glad for at se ham når jeg ser ham!

Del 2.

Skole

Smilla

Tja skolen synes mange jo er kedelig. Og ja det gør jeg selvfølgelig også nogle gange, men for det meste kan jeg godt lide skolen. De voksne siger at i skolen skal man være seriøs, men børn kan også godt have brug for noget sjovt nogle gange..

Interviews

Fortæl lidt om hvordan det var på din gamle skole.

Zoey   Da jeg var lille var jeg sådan lidt buttet, og folk syntes ikke rigtig om mig. Jeg forstod det ikke rigtig. Så jeg kom hjem fra skole hver dag og var ked af det, fordi folk havde mobbet mig. Vi var ikke ret mange i min klasse – vi var 18-19 styks, men de var alle sammen imod <u>mig</u> specielt, og jeg ved ikke rigtig hvorfor... men jeg havde én veninde derhenne, som virkelig kunne lide mig. Jeg snakker ikke med hende i dag, men da jeg flyttede fik jeg hendes nr. men hun har flyttet skole og fået nyt nr, så jeg har ikke rigtig nogen kontakt med hende.

Men efterfølgende hvor vi var flyttet, der mødte jeg hende inde i Hundige-centeret, hvor jeg snakkede med hende og vi gav hinanden numre, men jeg har ikke rigtig hendes nr. hun har fået nyt nr igen. Selvfølgelig har jeg klassebilleder hvor jeg tænker tilbage på hvordan det var, og så tænker jeg på <u>nu</u> hvor det er at jeg har det bedre. Og så tænker jeg på hvor forskelligt det er på skolerne. Men jeg er begyndt at ansøge nogle fra den gamle skole, som har accepteret mig på Facebook, hvor det er vi skriver lidt sammen om hvordan man har det og hvordan det går på den gamle skole og de steder man er. Om hvordan de andre har det. De spørger tit mig om hvordan <u>jeg</u> har det, om jeg savner det, og så siger jeg til dem: ”Nej, det gør jeg faktisk ikke, fordi jeg har det bedre her!”. Men så spørger jeg så dem om hvordan det går dernede, for lige at følge med i hvad der sker. De svarer at de har det godt, at der er nogen af dem der er flyttet, at der er nogen der har forandret sig... Ellers er der ikke rigtig noget.

Hvad med lektierne?

Smilla   Vi har næsten ikke nogen lektier for. Men så til gengæld til næste år får vi fri kl. 14:30 og 15:30 hver dag, for at man ikke får svært ved at overskue det, når man fx kommer i gymnasiet og får rigtig mange lektier for. Jeg synes det er fint nok at gå i skole. Jeg ved ikke hvad jeg bedst kan lide... det sværeste er geografi. I hvert fald hvis det har noget med kort at gøre... Ellers er jeg bare sammen med alle mulige.

Mobning

Ann-Sofia

Jeg er en pige på 13 år. Jeg er blevet mobbet lige siden jeg startede i skole.
Først blev jeg mobbet med at jeg spiste ost i skole, men det gør jeg ikke mere. I anden eller tredje klasse blev jeg uvenner med en fra min klasse, det endte med at hun sad og kvalte mig, så jeg blev helt rød i hovedet. Jeg er mange gange blevet kaldt en fed ko og mange andre ting på grund af min vægt, fordi de mente at jeg ikke passede ind, mange gange græd jeg efter skole, og nogle gange trøstede jeg mig selv med slik. Det sker ikke så tit mere, da jeg er blevet ligeglad med hvad de kalder mig. Nu i syvende klasse går det bedre, fordi de synes det ikke er sjovt at drille mig, fordi jeg ikke reagerer på det de siger om mig, og jeg græder ikke så

meget som dengang det startede.

Smilla

Jeg blev mobbet. Det er en meget ubehagelig følelse. Dem der har opfundet mobning har ikke været for kloge! Men bare det at blive mobbet er meget slemt. De fleste af dem der mobber har ofte selv prøvet det, ellers har de måske problemer og det kan godt være folk bare ikke ved det:-(. Ofte er mobbere meget følsomme men spiller stærke. Jeg blev engang slået i hovedet af en der blev mobbet, jeg fortryder selv at jeg var med til det, men jeg tænkte at så var der jo ingen der mobbede mig.. Jeg fortryder nemlig fordi jeg selv blev mobbet.
Jeg vil skrive 3 gode råd til at give dig selv lidt mere selvtillid:

- ✓ Jeg tror på mig selv.
- ✓ Der er ikke noget der skal komme i vejen for mine drømme.
- ✓ JEG ELSKER MIG SELV SOM JEG ER :-)

Amalie

Mobning er seriøst noget af det værste man kan gøre! Men der findes jo 2 måder at mobbe på. Den første er jo den vi alle kender, der hvor man går sammen med sine veninder og så er der en der kommer med en bemærkning "Jeg hader dig altså!" eller " Du er ond!" den hvor man smiler og kan gå hånd i hånd 2 sekunder efter. Så er der nummer 2, der er 2 måder i nummer 2, lyder lidt forkert men "What Ever". Der er den psykiske hvor man sender blikke, bagtaler og siger grimme ting, jeg syns personligt at den er lige som slem som den hvor man slår og sparker hinanden og det er jo den fysiske. Man hører rigtig meget om hvor slemt det er, men dem der gør det, har tit et problem selv, men de vil bare ikke virke svage. Men altså BARE STOP DET OKAY! For det kan faktisk gøre folk psykisk syge! Jeg har aldrig selv mærket mobning på min krop, og det er jeg rigtig glad for!

Zoey

Jeg er en pige på 13 år, som har oplevet mobning på min skole 4 år i træk, jeg kunne ikke lide at jeg altid blev rakket ned på og hver dag efter skole komme grædende hjem. Så vi flyttede, til et nyt sted og en ny skole, hvor jeg håbede det ville blive bedre, min mor, min store søster, min lille bror og min nye papfar, var trætte af at min søster og mig var så kede af det hver dag. Min første skole var mit eget personlige helvede på jorden, når jeg har det dårligt i skolen kommer jeg altid til at tænke på min gamle klasse og hvordan de mobbede mig. Jeg har engang prøvet at begå selvmord, fordi at jeg havde det så dårligt med mig selv, jeg følte ikke jeg var god nok til at være i verden. Nu har jeg i det mindste nogle venner og veninder der ikke mobber mig, meen den alder vi er i for tiden er drenge lidt irriterende, men hvad kan man gøre ved dem? Jeg vil bare vente til de er lidt mere modne, til jeg begynder at snakke med dem, de er virkelig mærkelige i den her alder, men der er da nogen af dem der er lidt modne, jeg har også lært at hvis de driller mig skal jeg ikke lade mit temperament gå ud over andre. Mobning for mig er et helvede da jeg selv har oplevet det, og ved hvordan det føles. Jeg gider ikke være den der er en tudeprinsesse, så jeg har lært at forsvare mig. Men somme tider bliver man drevet ud i noget man fortryder, jeg kender alt til det. Jeg er ikke altid så glad for det der sker, men man kommer altid ud af det på et tidspunkt.

Interviews

Hvad tænker du om mobning?

Ann-Sofia Jeg blev jo mobbet. Det var værst dengang jeg gik i 0. – 5. Men her i 6. og 7. er det gået bedre. Altså, de er mindre efter mig, og det er ikke så tit jeg bliver kaldt noget. Jeg har vænnet mig til det. Engang var det jo meget, og nu er det lidt... Så jeg har vænnet mig til det, der er jo gået 2 år... Så hvis det ændrer sig igen, så bliver jeg sgu forvirret, for man skal lige vænne sig til det...

Altså, jeg har også lært at lægge det bag mig, hvis man kan sige det sådan. Det er jo ikke min skyld at de har været så lede, hvis man kan sige det sådan... Det har måske noget med familien at gøre. Det er det altid, synes jeg. Altså, hvis man selv er blevet behandlet dårligt, og man har det i sine tanker og minder osn, bliver det sådan på en måde givet videre, for at man ikke føler sig sådan... så man ikke er... Det er fx hvis nu der er nogen der er blevet mishandlet af sine forældre, og så når de bliver forældre, og hvis de mishandler deres, og så kommer det fra deres barndom, så det er noget af det <u>de</u> husker osn.

Tro og religion

Amalie

Jeg ved overhovedet ikke om jeg tror på gud, for hvorfor har han/hun/den så "opfundet" krig, sygdomme, mord og alt det andet forfærdelige i verden!?
 Så forstår jeg det ikke, fordi vi alle sammen skal dø eller hvad? Jeg tror heller ikke på der sidder en eller anden person oppe på en sky og styrer hele verden. Tror også på det der med at bakterierne har udviklet sig efterhånden, og at det ikke er Gud der har skabt verden.. Men jeg tror på der er noget overnaturligt mellem himmel og jord..!

Interviews

Hvad tænker du om tro og religion?

Zoey   Jeg tror ikke rigtig på Gud. Men alligevel så er jeg jo kristen. Men selvom man er kristen behøver man jo ikke tro på det – og alligevel gør man. Det er lidt mærkeligt... Med hensyn til andre religioner, så har jeg ikke rigtig noget imod dem fra fx hinduismen eller et eller andet.

Jeg har det fint med dem, de skal bare ikke svine mig til, altså! Jeg har ikke noget imod dem. De gør ikke mig noget, og jeg gør ikke dem noget. Racisme... jeg synes ikke rigtig det er på sin rette plads bare at være racistisk. De fleste af de der racismer der er om religion osn – jeg forstår det ikke... Jeg har hørt noget om at det er fra gamle dage, hvor man troede at Jesus var et eller andet imod jøderne eller sådan noget... men jeg forstår ikke racisme. Jeg synes det er noget mærkeligt noget.

Tror du på noget? Gud, Buddha...? Hvordan med religion?

Smilla   Jeg tror på Gud...

Er det noget du tør sige højt til dine venner?

Smilla   Ja.

Ved de det, eller tror du bare de ved det?

Smilla   Det ved jeg ikke helt... det er ikke rigtig noget vi snakker om, andet end når vi har kristendom...

Går du i kirke?

Smilla   Vi har lavet en familietradition med min mor... Når det er juleaften, der går vi i kirke – det er hyggeligt.

Hvad tror du Gud er?

Smilla   Det ved jeg ikke rigtig... bare noget der holder hånden over os...

Så vil vi spørge lidt til jeres tanker om tro og religion...?

Maria   Nogen af de der indvandrere... de... de skal bare ud alle dem der laver ballade osn.. men jeg er også selv venner med mange indvandrere, men... mange af dem er også flinke, men der er også nogen af dem... der tror de kommer her og ejer landet!

Rosa   MEGET!

Maria   Det synes jeg ikke er okay.

Rosa   Nogen burde bare skydes, nogen burde bare komme ud og nogen er søde. Og ikke dem der styrer det hele.

Tror I på Gud? Eller noget andet?

Maria   Jeg tror på Gud er der, men jeg tror ikke på at han har skabt Jorden.

Rosa   Det gør jeg! Selvfølgelig tror jeg på Gud, men ikke altid. Jeg tror på han har skabt Jorden. Jeg ved ikke lige hvorfor, men det tror jeg bare. For ellers ved jeg ikke hvem der ellers har skabt den.

Maria   Det er jo bare noget der sker...

Rosa   Overvej lige hvis du ikke var her...

Maria   Det er jo bare naturen...

Rosa   Jeg har ikke mere at sige.

Racisme

Interviews

Oplever du racisme her i Herfølge (2012)?

Smilla   Der er faktisk rimeligt meget. I min klasse er der en der er blevet kaldt "hundelort" osn. Det er pga hudfarve... Det er ikke så meget mere, men det var det på et tidspunkt... Da vi gik i 6. Jeg ved ikke rigtig om det er fordi de er uvenner, eller om det er helt umotiveret, men der er i hvert fald bare nogen der tror de ejer hele verden, synes jeg! Vi har fx to på skolen, som altid sprøjter vand efter folk og irriterer hele tiden!
Jeg er ligeglad om andre har en anden hudfarve, jeg tror ikke de er anderledes end mig... jeg har også veninder der har en anden hudfarve. Det går ikke med tørklæde eller noget. Der er en i min klasse som er muslim, men der er ikke rigtig noget... Han er også i skole når der er Ramadan osn. Og så må han ikke være sammen med piger, så det er lidt svært at han ikke må komme med til fødselsdage osn. Altså, hvis der er piger. Heller ikke selvom der er voksne med. Og der er bestemt mad han ikke må få osn. Og når vi har kristendom spørger lærerne ham rigtig meget... Og så skal han sidde og forklare alt muligt, og det kan måske godt være lidt svært for ham...

Hvad tænker I så om racisme?

Maria   Det er dumt.

Rosa   Det kan godt være jeg er blondine-dum, men jeg ved ikke hvad racisme er.

Rosa	Nåh! Jeg fik bare af vide af min biologilærer, at racisme var sådan en der havde hukommelsestab... Så sagde jeg sådan til ham: "Er det ensbetydende med at jeg har racisme?".
Maria	Altså, de er jo mennesker ligesom os. De kan jo ikke gøre for, fx hvilken hudfarve de har og...
Rosa	De kan jo ikke gøre for at de er nogen perler.
Maria	Hold kæft!
Rosa	Hellere kalde dem et pænt ord end et grimt!
Maria	Altså, de kalder jo selv... jeg forstår det ikke. De må godt kalde sig selv en perker, men når andre siger det...
Rosa	...så flipper de <u>helt</u> ud!
Maria	Ja.
Rosa	Og slår en i hovedet.
Maria	Ja, og det er tit med dem, de må godt stå og sige alt muligt til en, men siger man noget til dem, så skal man tæskes og alt muligt. Det er det jeg ikke forstår. Det har jeg selv prøvet...
Rosa	Jeg har ikke nogen kommentarer om racisme. De burde bare skydes dem der tror de ejer landet, selvom de ikke kommer herfra. Jamen, nogen af dem der kommer fra Afghanistan osn... eller de der arabere... de tror de ejer landet osn, men nogen gange kan de godt

være for meget. De tror de ejer det hele, skal spille store... Og have alt.
Og så har jeg ikke mere at sige!

Del 3.

Kærlighed, følelser, seksualitet, drenge, pubertet osn...

Amalie

Kærlighed er en underlig ting! Og det har jeg en lille historie om! ;-)

Min veninde havde en kæreste som jeg uheldigvis gik hen og blev forelsket i. -.-'
Det hele startede med at hun præsenterede ham for mig, og jeg synes hurtigt han var sød. Så vi begyndte at skrive søde beskeder til hinanden, og vi grinede rigtig meget sammen, så vi udviklede hurtigt et forhold. Og så en aften da vi havde været sammen, spurgte han mig om vi skulle komme sammen, og jeg sagde selvfølgelig ja! Uden rigtig at tænke på min veninde. :-/ Næste dag skulle vi selvfølgelig være sammen. Og jeg gjorde mig klar. Så gik jeg over til ham, og så lige pludselig gik det fra et sjovt forhold hvor vi kunne grine sammen, til et meget seriøst forhold. Men jeg var jo forelsket i den dreng jeg kunne have det sjovt med. Jeg følte mig rigtig omklamret, for han havde et behov for hele tiden at røre ved mig, så jeg slog op med ham. Og mig og min veninde er heldigvis rigtig gode veninder i dag!:-D

I denne her sommerferie mødte jeg 2 søde drenge som var tyskere, men vi vinkede og smilede til hinanden, og jeg sendte vist nok også et luft kys til en af dem! Og jeg prøvede vist også en rutchebane med en af dem!:-O

Men nu til mit kærlighedsliv lige nu! Jeg skriver meget med drenge her for tiden, men jeg kan ikke rigtig lide nogen af dem, selvom de vist nok kan lide mig..! ;-)

Hun fortæller sig selv, hun ikke savner ham.
Men inderst inde skriger hendes hjerte efter ham.

Hun fortæller sig selv, hun har glemt ham.
Men alligevel minder alting hende om ham.

Hun fortæller sig selv, hun har glemt deres tid sammen.
Men alligevel sulter hun efter at opleve det igen.

Hun fortæller sig selv, hun ikke elsker ham mere.
Men alligevel græder hun ved hver sang der minder hende om
ham.

Hun fortæller sig selv, smerten er væk.
Men alligevel føler hun smerten i hjertet, når hun ser ham.

Hun fortæller sig selv, hun hader ham.
Men alligevel kan hun kun smile når hun ser ham.

Hun fortæller sig selv, hun aldrig tænker på ham mere.
Men alligevel ser hun ham i hvert et vindue.

Hun fortæller sig selv, hun er stærk nok til at klare det hele.
Men alligevel sker det at hun bryder sammen i gråd.

Hun fortæller sig selv, han intet betyder mere.
Men alligevel ville hun dø for bare at være sammen med ham
én gang til.

Hun fortæller sig selv, hun er ligeglad med ham.
Men alligevel ved hun godt at det i virkeligheden er ham der er
ligeglad.

Drenge

Ann-Sofia

De fleste drenge jeg kender fra skolen, er jeg blevet mobbet/drillet af. Mange gør det for at få opmærksomhed, eller vil vise at de er så seje, men uden for skolen er de søde nok til at sige hej til en, selvom de ignorerer en i skolen. Drenge prøver for det meste at vise at de er noget, fx ved at prøve på at få hele klassen til at grine ved at afbryde timen, kaste med ting eller lave fis med lærerne. Mange piger kigger meget på om drenge er flotte eller om de er seje, og nogle kigger på personligheden.

Amalie

Her på det sidste er jeg begyndt at være meget sammen med drenge og det er dejligt, man kan være helt sig selv sammen med dem, de har ingen fordomme for en, ligesom piger har. Jeg skriver meget med drenge, og de kan få mig til at føle mig som noget specielt, både som ven eller kæreste! Når jeg skriver med en dreng og han begynder at skrive ":-*" og "<3" lægger jeg altid lidt for meget i den og tror de vil have noget med mig, også spørger man "Hvem kan du lide?" Og så siger han en anden, og man tænker bare "Havde vi ikke noget?" man er glad på hans vegne, men man er knust på sine egne vegne, men sådan er jeg bare! Men nogen drenge kan jeg sagtens skrive begge dele uden at ville have noget med dem overhovedet, og med andre gør et hjerte rigtig meget, jeg syntes det er underligt men man kan jo ikke styre sine følelser.

Husk:
Min veninde sagde til mig, her for ikke særlig længe siden, at hun havde fået en kæreste og jeg blev ellevild, for hun havde været forelsket i ham længe..
Og jeg vil rigtig gerne se dem kysse. Men som hun sagde til mig "Man kan ikke tvinge et romantisk kys frem!" Så kan man nemlig miste følelserne, og det har jeg opdaget for jeg er blevet forelsket i en dreng, og mine veninder vil hele tiden have

jeg skulle kramme med ham, men det har jeg ikke lyst til, jeg vil hellere beundre ham fra afstand! Men han lægger slet ikke mærke til mig! Så piger HUSK det, lad vær med at "tvinge" folk til noget, ved at gå for hurtigt frem..

Pubertet

Interview

Hvad tænker du om puberteten? Er du i puberteten nu, tror du?

Smilla   Jeg ved godt hvad pubertet er, men jeg ved ikke rigtig om jeg er i puberteten... jeg er 13. Jeg har flere skænderier med min mor... men min mor siger jeg har arvet hendes ting-ting med aldrig at have nogen bumser... Det er rigtig sjældent. De er der en dag, og så er de væk dagen efter! Jeg tror godt det kan blive lidt svært at bo derhjemme, hvis der kommer flere skænderier med min mor... Jeg har det ikke på samme måde med min far. Det er lidt omvendt nu hvor jeg er teenager... Min far har altid været den der skældte ud, og min mor sagde ikke rigtig noget. Nu er det omvendt.

Tror du det er dig eller hende der har ændret sig?

Smilla   Hende! Helt sikkert! (Griner.)
Jeg er blevet nemmere at være sammen med, jeg har været værre. (Smiler.)

Kender du nogen der ryger, drikker osv?

Smilla   Jeg kender ikke nogen der ryger. Jeg prøvede selv da jeg gik i 2. klasse. Mig og nogle veninder havde samlet et cigaretskod op fra

jorden og gemt os bag en venindes hus, og så prøvede vi... (griner) og
så var der altid nogen der havde tyggegummi med. Men ellers ikke.
Jeg har ikke noget imod folk der ryger, det er deres eget valg. Men jeg
ville holde op, hvis jeg var dem. Jeg synes ikke det lugter godt, og jeg
tror heller ikke det smager godt. Jeg tror heller ikke det ville være så
lækkert at kysse en dreng der lige har røget! Jeg har fortalt nogen af
pigerne i klubben, at de kan dø tidligere osn, for at få dem til at holde
op. Den ene sagde at hun var stoppet. Så sagde jeg "Godt", og at når
hun engang dør, så siger jeg at "du kunne have levet 10 år længere".
Det var også mig der fik min mor til at stoppe. Hun er stoppet nu, men
det var svært for hende. Hun brugte nikotintyggegummi og plastre til
at starte med, men nu bruger hun ingenting. Jeg er glad for at hun
stoppede. Jeg tænkte meget over det mens hun røg. Stoffer, hash og
alkohol osn vil jeg ikke prøve. Jeg kender ikke nogen der har prøvet
noget af det... Kun nogen der <u>siger</u> de har prøvet at drikke. Jeg
kommer nok til at drikke lidt når jeg bliver ældre og går i byen. Men
jeg tror godt jeg kan styre det. Det er ikke noget jeg går sådan og
glæder mig til, det er bare noget der kommer.

Kender du nogen der bliver presset til noget de ikke vil? (Sex osn)

Smilla   Jeg kender to jeg synes er startet for tidligt... De er 14, den ene var 13
            da hun startede med sex osn. Jeg tror mange starter, selvom de ikke
            er klar. Jeg vil gerne vente til jeg er 100 % klar!

Hvad tænker du om sådan noget som gruppepres? Er det noget du oplever?

Smilla   Jeg synes ikke rigtig vi har noget af det. Når jeg er sammen med mine
            veninder snakker vi sammen, græder ud ved hinanden, griner med
            hinanden osn. Jeg synes, at en rigtig god veninde er én man kan blive
            uvenner med, og hurtigt blive gode venner med igen bagefter. En man
            ikke bliver tvunget til at være gode venner med. En der gider lytte til

en.

Vi har mange hemmeligheder sammen! Ved nogen veninder kan jeg godt være bange for at de ikke kan holde på dem... Men jeg ved hvilke veninder jeg kan sige hvad til...

Pigedrømme

Amalie

Alle piger har vel en drøm om hvordan deres bryllup skal foregå, en tanke om kjolen, kagen, og maden. Det har jeg i hvert fald. Eller ens drømmeprins spørger om man vil komme sammen, jeg har også en forventning til hvordan mit første kys bliver, det skal være med en helt speciel dreng, og et helt specielt øjeblik. Eller hvordan ens kæreste kommer til at se ud.

Menstruation

Amalie

Jeg har haft min menstruation 1 gang og jeg er 14, jeg føler mig lidt unormal, fordi jeg kun har haft den 1 gang, er også rigtig bange for at der er noget galt med mig..! Men min veninde sagde at fra hendes første menstruation gik der et år før hun fik sin næste så jeg er ikke urolig.. Men kan alligevel ikke lade være med at tænke over det :-/

Kys

Amalie

Alle har prøvet at kysse, med sine forældre eller i børnehaven, og det har jeg selvfølgelig også. Jeg har også kysset med mine veninder! Men jeg vil godt understrege jeg er IKKE lesbisk! Piger og drenge det er naturligt at de er sammen som kærester, og man lægger ikke mærke til dem hvis de går på gaden hånd i hånd, det er naturligt, sådan er det bare, men det er rigtig unaturligt pige og pige, dreng og dreng går hånd i hånd, folk kigger altid ondt på dem eller taler om dem.. Det forstår jeg ikke jeg har ikke noget imod det, og jeg vil faktisk ønske jeg havde en " Bøsse- ven" som man kan kigge på drenge med og lægge make-up. Og alle de andre "Pige-ting" man kan lave sammen.

Jalousi

Amalie

Det værste er når ens veninder bliver jaloux over man er sammen med nogen andre veninder end dem. Helt ærligt, hvorfor må man ikke være sammen med en uden ens veninder bliver sure. Det irriterer mig virkelig, hvis de ikke stoler på mig eller vil være mere sammen med mig, så sig det dog til mig! For det andet tænder det mig virkelig af! Man hører rigtig meget om at jalousi tit fører til slåskampe! Og især i parforhold!

Kærester

Amalie

Mine veninder spørger mig tit: "Er det ikke underligt aldrig at have kysset en dreng?" Og jeg svarer altid: "Nej, jeg tager det i mit eget tempo, og har ikke behov for at kysse med en dreng lige nu, jeg kan sagtens vente" ;-) Og lige nu vil jeg faktisk hellere bruge tid med mine veninder. For mine veninder betyder ALT for mig, og hvis jeg ikke havde dem i min hverdag, så ved jeg virkelig ikke hvad jeg ville gøre!!

De giver mig virkelig alt det jeg har brug for i min hverdag, og jeg elsker dem så højt, de har hjulpet mig hele vejen igennem og de er fantastiske, vi kan grine en hel nat igennem. Og vi støtter altid hinanden! Er så glad for at jeg har lært dem at kende! Elsker alt hvad vi har lavet sammen, og vil rigtig gerne takke dem, for de er vidunderlige, møøøs! <3

Det ville da være dejligt med en kæreste, en som bare er der for en, hvem har ikke en forestilling om hvordan ens kæreste skal være, eller er det bare mig? ;-)

Piger? Sæt altid veninderne højest, for de støtter dig før et forhold og efter hvis der sker noget, i jeres forhold! <3

Sex

Amalie

Jeg har ikke haft sex endnu.

Interviews

Har du gjort dig tanker om sex?

Ann-Sofia Nej...

Hvad tænker du om sex?

Zoey   Jeg tænker ikke rigtig på sex. Egentlig kan jeg ikke lide det, jeg synes
          det er ulækkert. Jeg kender et par stykker der er startet på det. Jeg
          synes det er tidligt, og så synes jeg egentlig det er lidt klamt.
          De drenge jeg render rundt sammen med, de taler om det lidt hist og
          her.

Hvad er Jeres tanker om sex?

Maria   Jeg synes virkelig det er klamt, det der prostitution.

Rosa   Det er ikke ulækkert. Nogle synes det er ulækkert, men det er jo
          naturligt. Sex, mener jeg. Hvis du ikke dyrker sex, kan du jo ikke få
          børn.

Maria   Nej, men jeg synes det er ulækkert at få penge for det. Eller betale for
          at få sex.

Rosa   Eller gøre det for sin kæreste! Det er naturligt! Alle gør det med sin
          kæreste. Hvis man har en. Jeg har ikke nogen lige nu. Og jeg skal ikke
          ligefrem have sex med en...

Maria   Man kan da også sagtens have sex selvom man ikke har en kæreste.

Rosa   Jamen, hvad nu hvis man ikke er klar? Det er der mange der ikke er.

Maria   Jamen, stadig...

Rosa   Man skal ikke føle sig tvunget til at gøre det, hvis man ikke er klar.
          Hvis man lige pludselig gør det, mens man ikke er klar, så fortryder
          man det nogen gange. Jeg er ikke klar, og man skal også gøre det med

den rigtige, den 1. gang, synes jeg. Det er når man har været i forhold i lang tid, fx i nogen måneder eller sådan noget. Når man føler det er den rigtige. Altså, der er også mange der siger jo, at de føler det er den rigtige ved første blik, eller hvad man siger, og så hvis man slår op efter en måned selvom man har været i seng sammen vil man fortryde osn. Man skal gøre det med den rigtige når man føler det. Det skal være med en man er kæreste med. Det skal ikke bare være til en fest osn...

Maria   Jeg synes også det er bedst hvis man gør det med sin kæreste

Hvad mener I om homoseksualitet?

Maria   Jeg synes det er sødt.

Rosa   Nåh, det der med lebber og bøsser osn? Altså, jeg synes det er sødt, men du kan se, ovre hos os er der en der går på skolen, hendes mor er lebbe, og hun føler sig pinlig. Man skal heller ikke føle sig pinlig over det. Det er ens eget valg, jo og man skal ikke føle sig pinlig over det, bare fordi man er datter eller sådan noget. Altså, jeg synes det er meget sødt, man kan jo ikke gøre for det, det er noget man selv vælger. Det er naturligt også. Hvis der er nogen der går hånd i hånd inde på Strøget og nogen råber "Ad, hvor ulækkert!" osn, så skal de bare lade være med at lytte efter.

Maria   Jeg synes det er fedt når man tør vise det frem.

Rosa   Jeg ville synes det var fedt hvis min mor var lebbe – jeg ville synes det var herre-nice! (Griner.)

Maria   Hvad nu hvis din far var bøsse også?

Rosa   Det ville da også være meget nice. Så var han sådan en homo, der kender alle de kendte. Arj... (Griner.)

Maria   Hold nu kæft mand! (Griner.) Jeg kender en bøsse.

Rosa   Det gør jeg også – jeg kender 2! Som jeg har kendt siden de var små. Og det var først da de blev ældre at jeg fandt ud af det.

Maria   Det er mine forældres gamle bedste venners venners søn, som nu er midt i tyverne, og han er bøsse.

Rosa   Jeg har en rigtig bøsseven, og så har jeg sådan en udlænding. Det kan godt være han siger at han ikke er bøsse, men han <u>er</u> bøsse! Han gør alle mulige tegn på at han er bøsse... "Skatter!"

Hvad betyder sikker sex for Jer?

Rosa   Hvis du ikke vil have børn, så kan du bruge kondom, for så kommer der ikke sæd op, og så kan du ikke blive gravid. Jeg kan ikke uddybe det mere. Det er vigtigt hvis man ikke vil have børn. Fx hvis du er 11 og du prøver at have sex for første gang, og du selvfølgelig ikke vil have børn og ikke bruger kondomer, så kan du <u>risikere</u> at blive gravid. Hvis du ikke tager sådan en fortrydelsespille osn.

Er beskyttelse vigtigt for dig?

Rosa   Hvis jeg nu har sex første gang når jeg er 20, så behøver jeg ikke, hvis jeg gerne vil have børn. Jeg vil gerne have børn i en tidlig alder – sådan 20-25 år. Jeg gider ikke have dem når jeg er 30! For så vokser de bare op og bliver store og synes deres forældre er nogle gamle kællinger! Og gamle mænder... Arj!

Maria   Jeg synes man skal huske at beskytte sig, for det er ulækkert hvis
            man får kønssygdomme. Karen Blixen fik kønssygdomme. Det var på
            en af sine rejser. Hun tog jo til Afrika. Jeg har været på Karen Blixen
            museum engang. Vi fik det af vide. Hun havde en eller anden sygdom,
            hvor de prøvede at fjerne den med kviksølv. Så det er vigtigt at bruge
            kondom, så man ikke får kønssygdomme. Det er ulækkert – puha!
            Jeg ved ikke hvilken alder jeg skal have børn. Det er bare sådan – når
            det kommer. Min mor siger jeg ska være 30! (Griner.)

Følelser

Ann-Sofia

Da jeg var lille var mine følelser en stor del af mig, for jeg var altid trist og sur,
men ikke mere. Jeg græd meget da jeg var lille, fordi alle var efter mig både i
skolen og hjemme. Men nu græder jeg ikke så meget mere. Jeg er mere glad, og
nogle gange sur. Da jeg var uvenner med nogen i skolen, var mine søskende der
og gjorde mig glad igen, med deres dårlige jokes.

Amalie

Nogen gange har man bare lyst til at sætte sig ned og græde, andre gange hoppe
rundt af glæde, det er noget underligt noget. Specielt drenge, tror jeg, har svært
ved at vise sine følelser. ;-) Hvor imod piger godt kan græde over en film eller tage
afsked med en god veninde. Det viser bare hvor forskellige drenge og piger er.
Følelser er rigtig svære at blive kloge på, men prøv at tænke på dem i din klasse
som måske ikke har nogen venner. Prøv at sige "Hej" eller "Hvordan går det?", de
vil blive meget gladere, og i behøver jo ikke at være bedste veninder af den grund.
Men pas på med ikke at give dem "Falske Forhåbninger". Prøv at gøre det klart for
dem, uden at sige det direkte eller såre dem, for dem der ikke har nogen at støtte

sig til, er tit rigtig følsomme, men prøv bare at sige det sødt til pigen eller drengen at du ikke har lyst til, at i skal være virkelig gode veninder, bare fordi du har sagt "Hej" til hende. :-) Jeg har nemlig gjort den fejl, at give en pige falske forhåbninger, og så begyndte vi at være sammen hver dag, og jeg mistede alle mine "gamle" veninder, og det værste var at jeg ikke engang kunne lide hende..!
Min veninde og mig, er rigtig gode til at se på hinanden hvordan man har det!
Og det er jeg rigtig glad for, jeg bliver glad når jeg ser mine veninder, men andre gange har jeg seriøst lyst til at gå hen og slå dem, ikke fordi jeg hader dem bare fordi at de er lidt dumme, og hvem gør ikke det? Og hvis man falder over en stol foran hele klassen kan man ikke lade være med at grine selvom det gjorde f*****g ondt, men det er også følelserne der gør det, man syntes faktisk at det er pinligt, men man griner, det er ret underligt at tænke på, det syntes jeg i hvert fald?

Jeg har en lille ting med at hvis jeg spørger folk om de kan være sammen eller sove sammen og de så siger "Måske" tror jeg altid at et "Måske" er et "Ja" og så føler jeg mig rigtig svigtet hvis de så ikke kan!

Når man er forelsket i en dreng får man også en helt speciel følelse, selv om man er nede får man lyst til at kæmpe videre! Bare fordi at ham drengen skal lægge mærke til en! Og nogen dage vågner man bare og er sur og man ved ikke rigtig hvorfor, kender i det??

Da jeg først så dig, var jeg bange for at møde dig,

da jeg først mødte dig, var jeg bange for at kramme dig,

da jeg først krammede dig, var jeg bange for at elske dig,

og nu hvor jeg elsker dig, er jeg bange for at miste dig.../;

Zoey

Jeg er en pige på 13, der aldrig rigtig har haft følelsen af jalousi og jeg tager det som et godt tegn. Jeg er faktisk lidt vild med en, men jeg er en bangebuks så jeg tør ikke sige der til nogen. Jeg ved ikke om jeg kan stole på folk, eller jo det gør jeg, men jeg tør alligevel ikke sige det. Men jeg har følelser mange enda, jeg hader folk der bagtaler og elsker mine veninder og min familie. For at være ærlig så hader jeg folk der bare træder på folks følelser og tror de er så seje. Dem der træder på mine følelser kommer bare til at betale for det, og tro mig jeg skal nok finde på noget så de ikke gør det igen. Jeg er meget irriteret på det område. Jeg har også svært ved at folk kalder mig ting, jeg tænder helt af, min søster er nogen gange den eneste der kan få mig til at falde ned igen.

At slå op

Amalie

At slå op er rigtig svært for begge partnere især hvis man har været sammen rigtig længe. Det er svært for den der vil gøre det forbi for den partner har ikke lyst til at såre den man har tilbragt så meget tid med! Og man bliver ked af det, det er jo klart, men det er bare noget man bliver nødt til, for hvis den ene har mistet følelserne er det ikke fedt at blive ved med at være i et forhold. Men det er tit godt at fortsætte med at være venner. Men det kan godt være lidt akavet!

Fremtid

Amalie

I min fremtid vil jeg gerne være Politi dame, syntes det er så sejt, og elsker at sidde og se Anna Pihl, og forestille mig at jeg er hende.. Jeg har også en forestilling om hvordan man skal bo og om man vil have børn, og hvordan de skal gå klædt. Og hvor man vil rejse hen. Det er en fremtid der er om lang tid.

Men man har jo også en forestilling om hvordan ens dag i morgen bliver, hvad for noget tøj man skal have på o.s.v.

Smilla

Når jeg tænker på fremtiden, tænker jeg flyvende biler, folk som sidder i flyvende stole hele tiden. Jeg tænker at alt er blevet vildt elektronisk. At det der er et hæfte nu, er en iPad, at skolebøgerne er blevet kasseret og blevet til en computer eller iPad, måske er lærerne endda blevet byttet ud med robotter. Det kunne da være vildt sejt.

Ann-Sofia

I min fremtid håber jeg på at jeg får mange venner, som kan lide mig for den jeg er, og ikke for det jeg har. Jeg vil komme noget mere ud end jeg gør nu. Jeg håber på at have mere selvtillid og at mit gode humør kommer igen. Og at mine søskende og jeg bliver mere venner, så vi ikke skændes så meget, for det er jeg træt af.

Zoey

Jeg er en pige på 13 år, der tænker meget på fremtiden, hvad kommer man til at blive? Hvor kommer man til at bo? Bliver man gift? Hvem kommer man til at omgås med? Alle de ting, jeg spørger mig selv igen og igen men jeg kan ikke rigtig svare før jeg bliver voksen, jeg har nemlig ingen svar endnu. Jeg vil bare gerne kunne være sikker på at jeg ikke ender på gaden, og ingen penge har, men det kan jeg ikke være sikker på endnu på jeg ikke gør. Min fremtid står på spil, hvis man kan sige det på den måde, for jeg aner ikke noget om den.

Interviews

Vil du fortælle mere om hvad du tænker om din fremtid?

Ann-Sofia Jeg vil gerne være dyrlæge, men det er nok lidt svært for mig at blive, for der skal man ligge meget på gennemsnit i A og B. Det er de højeste karakterer, kan man kalde det. Man skal have sådan nogen fag, der står at man skal have.... man skal mindst have B og så er der fag hvor man skal have A. Fordi vi lavede sådan noget på skolen, hvor vi skulle lave et eller andet job-ting, og så kunne vi snakke med sådan nogle vejledere-ting. Sådan nogen der vejledere. Og så spurgte jeg om, hvad for nogle karakterer man skulle have for at blive dyrlæge. Så kom der bare sådan noget: "A & B og A og B og"...

Det er altså niveauerne?

Ann-Sofia Ja, det kan det godt være. Jeg ved i hvert fald at, hvis jeg vil være dyrlæge, så skal jeg knokle noget ekstra. Jeg må se efter skolen, så må jeg prøve det og se hvordan det går, og hvis det så ikke går, så vil jeg starte på Slagteriskolen. Sådan, for at lære og lave mad og sådan, for jeg kan godt lide at lære at lave mad. Det er også derfor jeg vil melde mig til "Madlavning/konditor" igen. Og jeg vil have madlavning i skolen. Her i ottende. Der har vi valgfrit fag, og jeg tænkte, at nu havde jeg skolesport sidste år, og det blev lavet om til noget friluftsliv. Så tænkte jeg, så vil jeg hellere have madlavning. Så var der noget fransk og noget... et eller andet hvor man kunne være kreativ, så det var ikke lige mig. Så var der noget andet jeg ikke kunne huske hvad var.

Så Slagteriskolen er for at lære at lave mad?

Ann-Sofia Jeg mener det er sådan en uddannelse man kommer på, for alle mine søskende har været på den. Og så skal jeg have en hund. Eller et marsvin. Det er fordi, min mormor har lige fået marsvin, og den er så sød og jeg vil også godt have et. De koster kun 75 kroner, og jeg havde 90 eller sådan noget, og jeg havde fået 100 kroner af min mormor, så jeg kunne både få et bur man kunne købe et andet sted, og så kunne jeg få et marsvin, men det måtte jeg ikke. Jeg har kanin. Jeg har 2 dyr, så vi skal ikke have flere.

Men jeg vil gerne have marsvin og hund. De er bare så søde. Det er lige meget hvilken hund, måske samme race som den jeg har nu. En dansk-svensk gårdhund. Det er en meget hidsig hund. Det <u>kan</u> hun godt være. Altså, hun er ikke særlig glad for dem der er sådan mørke i huden. Eller hvis der er nogen der går forbi, så kan hun godt finde på at gø. Men hun kan være noget så glad for folk! Fordi, der er en min mor snakker med over hegnet hvor vi bor, når hun ser ham så skal hun altså bare.... Så begynder hun at pive osn. Nogen gange har jeg faktisk lyst til at sige "Hold kæft!" (Griner.) Arj, man kan godt blive lidt sindssyg af hende.

Hvad med børn og mand?

Ann-Sofia NEJ! Jeg vil ikke have børn!

Din fremtid... Hvor er du om 10-15-20 år?

Smilla Det ved jeg ikke... Jeg har altid gerne villet være tandlæge, jeg ved ikke hvorfor... Måske konditor... Jeg kan godt lide at bage... Jeg skal på gymnasiet efter folkeskolen. En af mine veninder vil gerne på en sportsefterskole for at blive "politi", men det er ikke rigtig mig...
Jeg går efter at tage uddannelsen som tandlæge lige nu, jeg regner med at jeg skal på Panum efter gymnasiet.
Jeg har ikke tænkt over hvornår jeg vil flytte hjemmefra, og hvor

mange børn jeg skal have osn.

Lige nu er jeg bare i skole, er sammen med vennerne og passer mit job – jeg går med aviser.

Hvordan med fremtiden? Er der noget bestemt du vil?

Zoey   Ja, altså, jeg har altid tænkt på at blive designer eller tegner. Jeg er god til at tegne – ikke specielt tøj – men jeg har været inde på en hjemmeside med min skole, sådan noget med hvad man vil være når man bliver stor, og de kom med en række spørgsmål, og så sagde den at jeg ville være god som designer. Noget tekstildesigner, eller noget andet designer-halløj. Jeg vil i hvert fald være noget med at tegne. Jeg elsker at tegne, det er en af mine hobbyer. Det bruger jeg meget af min fritid på. Jeg har en mappe derhjemme, hvor jeg har tegninger i.

Har I nogle drømme om fremtiden?

Rosa   Frisør. Det vil jeg gerne være. Jeg skal bare lige have en uddannelse på 3 år først. Det tager 3 år at uddanne sig som frisør. Man skal igennem hele forløbet. Indtil videre er det det jeg gerne vil. Eller noget med make-up eller negle eller sådan noget. Men mest frisør. Lige nu.

Maria   Jeg skal være noget med it. Jeg tror jeg vil være it-supporter. Sådan noget hvor man... Jeg skal i hvert fald på Teknisk Skole i Roskilde. Min storebror har gået der. Men der var ikke det som han gerne ville, så han gik der ikke så længe. Men det er det jeg gerne vil.

Har I tænkt på noget med at blive gift og få børn?

Rosa   Ja. Jeg vil gerne have to børn; en dreng og en pige.

Maria   Gabriel og Gabriella!

Rosa   Og så skal jeg giftes med Justin Bieber. Det er min drøm.

Jeg skal bo i et luksushus. Jeg skal bo i København; det er hovedstaden, og der er fedt. Der er Staden, og Strøget, der er Tivoli. Og Zoologisk Have.

Maria   Jeg vil bo i Sverige og arbejde i Danmark. Det er billigt at bo i Sverige. Jeg vil bo tæt på Danmark. Og have en bil. Der er også billige biler i Sverige. Men jeg skal stadig være it-supporter i Danmark. Jeg vil bo ved grænsen... lige der hvor man kører over broen... Malmø!

ISBN 978-87-7145-770-4